| 心得帖丛书 |

松下幸之助谈
快速成为
好员工的心得

社员心得帖

如何工作

[日] 松下幸之助 著

杨珝桐 译

人民东方出版传媒
People's Oriental Publishing & Media
东方出版社
The Oriental Press

作者简介

［日］松下幸之助

Panasonic（原松下电器产业）集团创始
人，PHP 研究所创办者。1894 年，出生于日
本和歌山县。9 岁时，独自一人到大阪当学
徒，后就职于大阪电灯株式会社。1918 年，
23 岁时创建了松下电气器具制作所。1932
年，意识到产业人的真正使命，产生了自
己的经营哲学。1935 年，制作所改名为松
下电器产业株式会社。1946 年，以 "Peace
and Happiness through Prosperity"（通过繁
荣实现和平与幸福）为理念，创办 PHP 研
究所，开始了 PHP 运动。1979 年，兴办松下
政经塾。1989 年去世，享年 94 岁。代表作
《天心：松下幸之助的哲学》。

前　言

如今的产业界正在经历巨大变革。昨天还走在时代前沿的知识技术，今天或许就会成为过去式，而今后这种变革将愈演愈烈。因此，无论是企业家还是公司职员都要不断追求自我提升，以应对当下瞬息万变的世界。

尽管要做到这一点实属不易，但是这种积极应对挑战，不断提升自我的过程，对于职员来说才正是工作价值和人生意义的诠释。

工作其实是一门深奥的学问，做得越多越能体会其中的奥妙。换言之，我们可以尝试对自己说："今天做得不错嘛！"每天这样鼓励自己，进而更加积极地投入工作。如此反复，不仅可以提升自己的能力，工作也会越做越好。同时，身为公司员工，我们还可以通过这份工作或公司活动来帮助他人，从而收获满满的喜悦和价值感。

在本书中，我总结了一些对在职员工来说比较重要的经验。在平时的工作生活中，我不时会思考这些问题，并时常与员工们分享我的想法。虽说都是些老生常谈，但正由于我们身处这样一个剧变的时代，才应该更加脚踏实地将这些基础小事做好。希望我的经验能够帮助你在瞬息万变的行业发展中实现自我提升，让你在工作中更加得心应手，享受充实的人生。

当然，除本书所提及的这些内容之外，我的职场经验还有很多很多，这些我都收录在《抓住商业本质》《持续增长》《经营哲学》等作品中。如果你希望不断提升自我，为自己的国家乃至世界经济的发展作出贡献，那么可以尝试在这些书中寻找答案。

松下幸之助

1981 年 8 月

目录

第 1 章　公司新人篇

第2章 中坚员工篇

第 3 章　中高层管理者篇

第 1 章

公司新人篇

培养正确的思维方式

作为初入职场的新人，最重要的就是要培养正确的思维方式。

告别校园步入职场之前，我们或多或少都会参考父母、老师、前辈们的意见来决定未来入职的公司。同时，公司也会从公司角度评估这个人对公司来说是否必要，然后再决定录用。因此，唯有双方意见达成一致，员工才能进入公司工作。

但是仔细一想，即使一个人想入职某家公司，也有可能因为种种原因而不能入职。同样，即使一家公司非常希望能招聘到某个人，也有可能因为此人的个人因素导致招聘失败。如此看来，入职这件事取决于招聘者与被招聘者双方的意愿。但事实上，其背后还有一股强大的无形力量在推动着双方意志走向统一。职场新人应调整自身的思维方式，充分认识这一点。

举例来说，我们作为日本人在这个国家出生长大，今后也将以日本人的身份走向社会。然而这些都不是凭借我们的个人意愿能够左右的。也就是说，我们生于日本长于日本这件事并不以我们的个人意志为转移，而是受一种更加强大的力量驱动。

如此，可以说我们之所以会入职某家公司，一部分是出于自身意愿，而除此之外，更是一种缘分。

这样说，可能有些年轻人会感到排斥。但是我认为，能够掌握这种思维方式的人必将在今后的职场生涯中大放异彩。

进入公司后，我们可能会在这里工作数十年。在这个过程中，我们会遇到许多困难和苦恼。特别是当我们身居高位、管理下属的时候，这种情况就越发频繁。这些都是职场生活中无法避免的，关键在于我们面对这种状况时的苦恼程度。而这也大概率决定了我们是会被苦难打倒，还是会战胜苦难不断成长。

面对这种情况时，前文提到的思维方式就显得尤为重要了。如果我们能够充分认识到"这是一种缘份"，那么便拥有了勇于克服困难的强大信念。如此一来，曾经那些所谓的困难便都会化作我们成长路上的垫脚石。也唯有如此，我们才能在面临任何困难时都临危不惧，沉着应对。

而是否能够成为这样的人，关键取决于我们如
何看待进入公司工作的意义。换言之，就是我们是
否能以正确的思维方式看待工作。

给予公司足够的信任

对于初入职场的新人来说，最重要的一点就是要给予公司足够的信任。

即使提前做了一些功课，但作为初入职场的新人，对公司整体情况不甚了解，工作也没完全适应，和前辈们也不太熟悉，自然会感到不安。这时，重要的就是给予公司基本的信任，从而沉下心来投入工作。

说到底无论是公司还是前辈，都不会觉得初入职场的新人有哪里不好。恰恰相反，他们会对新人们抱有很高的期望，觉得他们哪里都好，并且很愿意对他们悉心教导。

事实上，无论是公司还是管理层都非常期待能够见证员工的成长。而且不仅仅是期待，他们会满腔热忱地帮助新员工不断成长。

经过层层筛选才进入公司，如果只是日复一日庸庸碌碌地工作，不仅员工自己会觉得枯燥，对公司来说也非常头疼。无论哪家公司都盼望着员工日渐成长。为此，公司也不会少下功夫。如果做不到这一点，那就是公司的失职。这样的公司往往也很难发展壮大。

说到底，企业这样做也是因为社会希望企业如此。企业承载着来自民众、国家，乃至整个世界的各种要求和期待，而为了回应这些要求和期待，无论是经营者，还是包括新人在内的企业全体员工都必须不断追求自我提升。

虽然有的公司和前辈并非如此，但作为公司新人，如果你的公司非常重视员工的个人成长，那不妨试着给予公司基本的信任。同时，心中要抱有一个信念，那就是"自己也要不断成长，努力工作，为社会作出贡献"。这样的想法也会成为我们成长路上的最佳助力。

成功的秘诀

　　我总结了一个秘诀，学会的话虽说不一定能当上公司高管，但至少升到部长还是没有问题的。秘诀的第一步从入职第一天下班回家后，如何与家人汇报一天的工作开始。

　　一般来说，入职第一天公司都会举办新人欢迎仪式，社长或高管上台致辞，通常还会对公司情况及工作内容进行说明。结束一天的活动回家后，家人肯定会问你对新公司的印象如何。这时候如何回答非常重要。如果回答"感觉不怎么样"的话，父母一定会很担心；就算回答"还不太清楚"，肯定也不能让父母完全放心。但是，如果你回答"虽然对公司的具体情况还不太了解，但是今天听社长和高管们讲了很多，感觉公司还是很令人满意的。所以今后我也打算在公司好好干一番事业"，父母听了这样让人安心的话肯定也会放下心来，然后欣慰地嘱咐你要好好干。学会这种回答方式，就是迈向成功的第一步。

虽然看上去是微不足道的小事，但在我看来，如果不能学会这样的回答方式就很难成功。绝对不能以为"即使自己不说这些，父母也会理解"。如果真觉得公司不怎么样那另当别论，但如果公司没有与自己的预期相去太远，那么就可以决定安下心来在这里好好干了。然后要第一时间将这种想法告诉父母。这种心态是一切的起点。

抱着这种心态投入工作后，某一天遇到朋友时，朋友可能会问起："感觉公司怎么样啊？"这时你回答："我觉得公司非常好，每天工作得也很开心，这对我来说足够了。""你真觉得公司那么好吗？""是的。我打算今后也一直在这家公司好好打拼下去。"如果你这样回答，朋友不仅会觉得你很了不起，还会被你的心态所激励。

此外，串门的时候，亲戚也可能会问同样的问题。"你们公司是做什么的？""我们公司主要制造这些产品……""是吗，这么优秀的公司呀，那我以后就改用你们公司的产品吧。"通过你的言语行为，让家人朋友们对公司留下一个良好的印象。然后再口口相传，公司的口碑便会越来越好，销量自然也会节节攀升。这就是世界的一种运作机制。

然而令人意外的是，即使是这么简单的事情也有许多人不去做。很长时间以来，我见过许多其他公司的员工吐槽自己公司无聊，却很少看到有员工说"我觉得我的公司很好，也愿意一直在这里打拼下去"。然而只是一味抱怨是很难让你在公司崭露头角的。

抱着赞美公司的态度，无论在哪家公司都能够大放异彩，因为公司所迫切需要的正是这种员工。如果你能做到这些，那公司不提拔你，还会提拔谁呢？这样的人即使不主动追求晋升，早晚也都会身居要职。

即使对这个秘诀将信将疑，请诸位也一定先抱着试试看的心态将上述方法付诸行动吧。

遇到不近人情的上司怎么办

新员工初入公司一般都会在上司、前辈的指导下熟悉工作内容。当然，上司、前辈们的性格特点和工作能力不尽相同。我们可能会遇到人品和工作能力都非常出色的人，他们会对我们的工作进行无微不至的指导，也可能遇到为人差劲、不好好指导我们的人。

这种时候，跟着哪种上司、前辈工作比较好呢？

一般来说大家都会认为，当然是跟着优秀的前辈工作更好。不仅是工作方面，做任何事情时，如果有一位好的指导者或老师，那技术也一定会突飞猛进。因此，大家才会普遍认为选择一位好的老师尤为重要。我也认为能够跟随一位资历深厚且颇具同理心的优秀老师学习是一件非常值得庆幸的事情。

但是，换个角度来看，跟随优秀前辈工作的员工反而很难自己闯出一片天地。因为如果老师足够优秀，那学生就会无可避免地跟随老师的步伐。虽然这样做能在一定程度上取得进步，却很难有所突破。

从这点来看，倒不如跟随不近情理的老师学习，反而更容易出人头地。跟着这样的老师，即使你做得很好，被训斥也是无可避免的。可能你也无数次地觉得被欺负到这个份儿上不如不干了。尽管如此，也要耐住性子。然后在这个过程中，凭借自身去理解领悟，最终超越自己的老师。我认为这一点非常有趣，可以说是人生的乐趣之一。

因此，如果遇到了善解人意、资历深厚的前

辈，要心怀感激地跟随前辈工作学习。如果遇到了不近人情的前辈，不如就将此视作突破自我的机会，以积极的心态去面对。这也是我们实现大幅提升的绝佳契机。

了解公司的历史

对于土生土长的日本人来说，了解这个国家的历史和传统非常重要。只有在了解了日本是如何建国，又如何一路发展到今日的，才能更好地思考当代日本人应如何生存，以及日本这个国家今后应朝着何种方向发展。

公司亦是如此。如果想在一家公司崭露头角，就必须先了解这家公司的历史。如今社会上那些实力雄厚的大公司最初也都是从名不见经传的小公司开始逐步发展壮大的。即使是一家即将迎来创立三十周年的公司，倒回三十年前也是连影都还见不着。一切都源自当初某位或某几位创始人立下雄心壮志创立公司，又经过创始人和员工多年奋斗，才成就了公司今日的规模。

无论公司规模大小、存在时间长短，都有一段这样的历史。希望公司员工都能将了解公司历史视作职场生涯的第一步。不知历史，何谈将来。虽然这么说稍显极端，但事实确实如此。因为公司历史和前辈经验都是不可多得的宝贵财富。

当然，在实际的日常工作中，推陈出新必不可少。但是，创新往往是建立于过去的经验之上的。

经历一年、两年、五年、十年，当初的新员工也会变成别人的前辈，指导新人工作。到那时，他们指导新人工作的信念又来自哪里呢？我想其中很重要的一个来源便是公司的历史。

从这个意义上来讲，对于初入公司的新员工来说，通过各种方式了解公司历史，借鉴前辈宝贵的工作经验尤为重要。

让礼节成为润滑油

最近我时常听人抱怨，说现在的年轻人越来越不懂礼数了。其实这种现象在职场也屡见不鲜。

其中一个主要原因是，第二次世界大战以后家庭和学校都不太重视礼节教养了。诚然，现在懂礼守礼的年轻人也不在少数，但可能由于最近的观念强调朋友式师生关系的重要性，导致越来越多的年轻人还未掌握基本礼节就已直接步入社会。

然而，社会就要求我们必须掌握良好的礼节教养。这对于一些平时不太注重礼节的公司新人来说可能会有些拘谨刻板。

但是，不妨试想一下，如果这些认为礼节刻板的年轻人某一天遇到一个举止无礼的人，会作何感想？这样想的话，大家应该都会认同礼节的重要性了吧。

在我看来，礼节礼数绝不是一种刻板拘泥的形式，我们可以把它看作社会生活的"润滑油"。

少了润滑油，齿轮之间的咬合运转就会火花四溅，导致机械迅速磨损。同理，人际关系也需要这样的润滑油。

步入职场后，我们会遇到形形色色的人，同事们的性别、年龄、思考方式等都不尽相同。这时，为了维持良好的职场人际关系，润滑油是必不可少的。而扮演润滑油这一角色的正是礼节教养。

若想发挥好润滑的作用，礼节教养就必须发自内心。当然，不能只是在心里想，更要转化为实际行动，让对方感受到你的用心。将合乎职场规范的礼节教养早日内化于心、外化于行，对于每一位公司新人来说都是十分重要的。

健康管理也是工作的一环

职场生活中最重要的就是健康。这里所说的健康不仅指身体上的，也包括心理上的。如果没有良好的体魄，就无法正常开展工作，这样即使工作能力再突出也无济于事。事实上，我在这个行业打拼多年，经常见到一些原本前途远大的年轻人由于身患疾病壮志难酬，最终只得带着满腔遗憾离开职场。这种情况对公司而言自然是一笔不小的损失，对员工本人来说更是莫大的不幸。

因此，许多公司都在保障及改善员工健康方面下了很大功夫。同时，员工自身也要做好健康管理，不断增强自身体质。

保证营养摄入，充分休息，适量运动等都能维持身体健康，但最重要的还是拥有良好的心态。常言道"病由心生",事实的确如此。

如果能够保持心情愉悦，就不会因为一些琐事而劳心患病。从事自己喜欢的事情或运动时想必大家也有所体会。当我们专注于某件事情并乐在其中时，尽管在他人看来我们可能很疲惫，但事实上自己内心却觉得爽快无比。这是因为我们心情舒畅所以才不觉劳累，或者说尽管劳累，内心却不会感到疲惫。

工作上亦是如此。如果我们带着十足的热情投入工作，那么即使有时有些忙碌，甚至通宵加班，也不会感到疲惫不适，更不会因此生病。相反，如果总是对工作抱有厌烦情绪，疾病就会趁虚而入。这样的例子我听说过很多。

当然，人的体力是有极限的。纵使是心情愉悦不觉疲惫的人，如果过度透支也会导致过劳。所以一定要多加注意。

总而言之，我们都要认识到健康管理也是工作的一环，其中最基本的就是要保持身心愉悦地投入工作。希望大家都能通过自己的方式保持健康良好的身心状态。

勇于提出建议

初入公司的新人一般都需要在前辈指导下逐渐熟悉工作。因此，我们应当虚心接受前辈指导，遇到不懂的地方及时请教，争取尽快胜任工作，为早日成为一名能够独当一面的员工而不懈努力。

但我认为，即使身为公司新人，也不能只是单方面地接受指导。新人也应该以新人的方式教导前辈。这句话听上去可能令人费解，意思是新员工必须针对自己在日常工作中注意到的问题积极地提出建议。

"我刚进公司，资历尚浅，工作方面的知识经验也不足，现在提出建议什么的对我来说太不自量力了，还是老老实实地按照前辈的指示做事好了。"这种想法当然无可厚非，但是在我看来，但凡涉及工作就无须在意这些。只要是为了公司今后更好地发展，无论是社长还是公司新人，在本质上都是平等的。

公司里的前辈资历更深，对工作更加熟悉。但也正因此，他们更容易受先入为主的观念束缚，认为目前的状况都是理所当然地，而忽视亟待改善的地方。在这一点上，新员工往往能够从全新的视角看待周遭的一切，因此能够发现许多改善的空间。我希望新员工能够针对工作中有待改善的地方勇于提出建议。

当然，至于某些事情是否值得我们提出意见，还应自己细细斟酌。此外，在提出意见时，不要忘记对前辈保持应有的礼貌。希望新员工们在遇到自己认为真正重要的事情时，能够鼓起勇气，积极表达自己的见解。

除此以外，前辈和上司们也要在公司营造良好的氛围，鼓励新员工发表看法，并认真听取员工意见。这样不仅能够促进新员工快速成长，也有利于公司自身发展。

体悟工作的乐趣

日本有句谚语叫作"石上坐三年[1]"，意思是只要肯在石头上连续坐上三年，再冰冷的石头也会逐渐变暖。这句谚语讲的是毅力与耐心的重要性。这条启示在职场工作中也十分适用。

现在有许多年轻人刚入职一两个月，就以不喜欢自己的工作，认为这份工作不适合自己等为由，辞掉手头的工作转而去应聘其他工作。现如今工作种类繁多，在逐渐尝试中找到更加适合自己的工作也未必是件坏事。但事实上，想要知道一份工作究竟是否真的适合自己，也不是一件容易的事情。

因此，即使某项工作刚开始看起来很乏味无

1　中文也可译为"功到自然成"。——译者注

聊，在认真工作几年后，其中的乐趣也会逐渐显现。并且在这个过程中，我们还常常会发掘出一些意想不到的潜能。换言之，工作就是越投入越能体会到其中的乐趣。而且，正如"石上坐三年"这句谚语所言，要想体会到工作的乐趣，通常都至少要花上三年时间吧。

在我年轻的时候，刚进公司不久就辞职的人还没有现在这么多。其中一个原因大概是当时的工作种类不如现在丰富，但更多的是因为当时的前辈们经常教导年轻人"功到自然成"，而年轻人也不断告诫自己要潜心坚持。在这个过程中，工作的乐趣与喜悦也就自然而然地显现出来了。

在我看来，尽管工作的形式千变万化，但无论是在过去还是现在，工作的本质都不曾改变。从这个意义上来讲，无论我们从事什么工作，一旦决定要做，或是在机缘巧合之下投入其中，首先要做的就是潜下心来好好干上三年。这样做绝对是对自己有帮助的。如果三年之后，发现自己无论如何也无法适应这份工作，想尝试其他工作的话，这三年的潜心努力也绝不会白费。不仅不会白费，这段时间所积累的经验还会成为你之后工作中的强大助力。

刚进入公司不久的我们可能时常会怀疑这份工作是否真正适合自己。如果你也抱有这样的疑虑，不如想想"石上坐三年"这句谚语，然后静下心来尝试去体悟工作的乐趣吧。

付出与回报

　　曾有一次，我对年轻职员说过一段话，内容大致如下。

　　正如大家所知，我作为这家公司的最高负责人，每月拿到的工资是最多的。虽然在这里不方便透露具体数额，但我们可以假设我的月薪是一百万日元。那么在这种前提下，如果我做的工作其收益是一百万日元，那么对于公司来说就是毫无增益的。在我看来，我至少要完成能为公司带来一千万日元收益的工作，公司才能够生存下去。甚至我必须努力完成等同于一两亿日元的工作。我会时常反思自己是否达到了预期的工作水平，同时也在不遗余力地努力工作。

　　对于大家来说也是如此。假设大家的月薪是十万日元，那么如果大家只完成十万日元的工作，对于公司来说就是颗粒无收。这样一来，公司便无法向股东支付股息，更无法向国家缴纳税款。因此，我们要时常回顾自己本月完成的工作究竟价值多少。

当然，关于完成多少工作才是最适当的，并不能一概而论。一般来说，如果你的月薪是十万日元，那么需要完成大约价值三十万日元的工作。如果有能力的话，能够完成一百万日元的工作当然是更好的。

希望大家能够像这样尝试评估自己所做的工作，通过不断反思取得进步，进而开辟出一片崭新的天地。如果所有职员都能够做到这一点，那么一定会在公司内部凝聚出一股无比强大的力量。

我认为这一点非常重要。我们每天都在努力工作，但并不是只要努力就万事大吉了。只有通过我们的工作成果为公司添砖加瓦，进而对社会有所贡献，才是工作价值的所在。

当然，这世界上工作种类繁多，事实上并不是所有工作都能够以具体的金额来衡量。尽管如此，我们依然要坚持对自己所完成的工作进行评估，并时常向他人请教评估的标准，通过不断努力提高自身工作水平。

"企业是社会公器" 的自觉

初入公司时，每个人心中都怀揣着各自的理想抱负。有些人可能希望通过这份工作最大限度地发挥自己的知识、技术和才能，有些人则希望通过这家公司实现在海外一展身手的梦想，还有些人希望有朝一日能成为部长、公司高管甚至社长，而另一部分人工作则只为谋求生计。

在我看来，每个人都拥有自己的目标是很好的一件事。但无论是怎样的目标，都希望大家能够对以下内容有清楚的认识：清楚地认识到自己工作的意义，并进一步认清自己所在公司存在的价值；无论是工作还是公司，都绝对不是我们的私有物，而是属于社会大众的；工作是为了社会而工作，公司是为了社会而存在。

公司的业务如果脱离了社会大众便无法存在。公司与社会大众之间，通过或直接或间接的方式保持着千丝万缕的联系。因此，公司发展的情况也会对社会大众产生影响。如果公司对社会大众产生了不良影响，那么这家公司对于社会来说就是负面的，这样的公司还是不存在为好。只有能够为社会带来正面影响，公司才有存在的价值。

这一点也适用于组成公司的每一位员工，我们绝对不能认为工作是自己的就肆意作为。工作不能只为自己考虑，必须认识到自己的举手投足都会通过公司与社会产生关联。一定要带着这份清醒的认知和社会责任感投入工作。

当然，越是身居高位的人越需要清楚地认识到这一点。但是我认为，既然公司是属于社会大众的，而员工又是组成公司的一员，那么即使是公司新人也要对这一点有所认识。

第 2 章

中坚员工篇

把上司当成你的客户

我一有时间就会和公司员工们反复强调一种思维方式。那就是不要把自己看作每个月拿死薪水的工薪族，而是跳出这种思维方式，将公司的工作看作自己独立经营的一份事业。假设你是一名会计，那就把自己当作是会计师事务所的老板，积极投入工作，即使这家事务所只有你一名员工。

如此一来将发生什么变化呢？如果你将自己视为经营事业的老板，那么就一定会想方设法地让自己的事业发展壮大。当然，即使你通过努力让自己的事业更上一层楼，这些成果也不一定会立刻反映在你的存款或工资上。我不希望大家将自己的薪水单纯看作工资，而是要看作自己辛苦经营事业的回报。这样一来，我们就能将自己视为聚光灯下的主角，从而带着一种全新的价值感和喜悦感投入每天的工作。

举个例子，如果我们将自己视为经营事业的老板，周围的同事、上司就成了照顾我们生意的客人、主顾。那么我们作为老板就必须为客户提供服务。平时去商店购物时，老板在推荐商品时通常会说"欢迎光临，您看这件怎么样？"或者"您请这边坐，慢慢挑选"。其实对同事和上司我们也可以试着这样做。

我们可以试着将自己的各种创意、点子介绍给自己的同事、主管、经理甚至社长。

如果放在普通销售场合的话，老板通常都会用一系列热情真诚的话语来说服我们购买。比如说"这件商品真是物超所值，您买了绝对不会后悔的"等。同理，如果我们以同样的方式对待同事或者上司，对方就会在心里想："真的像说的那么好吗？那我也试试吧。"这样一来，我们的创意被采纳，事业也随之蒸蒸日上。在这个过程中，我们自然而然就能够体会到工作的乐趣了。而且，如果这种思维方式能够由一人逐步推广至全公司的话，那么无论是个人还是公司都将收获长足的发展。

怀揣对工作的热爱

我们在公司工作的时候，肯定都希望能够做自己喜欢，同时又适合自己的工作吧。虽然有时候确实能够得偿所愿，但是这种情况确实只是少数。现实中，很多公司都是直接指派你去完成某项工作。这份工作可能是结合你的实际情况考虑之后分配给你的，也可能是出于其他考量才交给你来完成的。

但无论如何，我认为有一点非常重要。那就是以何种方式接受这份工作，以何种心态对待这份工作。

在有些人看来，自己是被迫去完成这项工作，所以对工作既提不起特别的兴趣，也发现不了其中的价值，只是按部就班地完成任务。其中还有一部分人认为被分配到的工作根本不适合自己，希望公司能够重新为自己指派一项工作。但是在我看来，这些想法基本都是于员工自身无益的。

如果对自己的工作不感兴趣的话，不仅提不起干劲儿，而且很容易让自己身心俱疲。这样不仅很难在工作中取得好的成绩，也无法使自己得到提升。更重要的是，每天都以这样的状态投入工作这件事本身就令人痛苦不堪。

对于职场人来说，最幸福的就是能够从事一份自己感兴趣的工作。诚然，享受业余生活，培养兴趣爱好也十分重要。但是我认为，这种快乐往往建立在一个前提之上，那就是每天都能带着愉快的心情投入富有意义的工作。

为此，我希望大家都能逐渐发掘自己对工作的兴趣，并带着这份兴趣投入工作。比如说，你可能希望公司能够重新为你分配一项工作，但是你的上司却告诉你"这份工作未来一定会对你有所帮助的，所以至少先干上一年试试看"。像这种时候，我们不妨思考一下，公司是出于怎样的考量才将这项工作交给我们来完成的。思考过后，尝试理解公司的安排，然后先做上一年试试看。

在这个过程中，我们可以试着去发现其中的乐趣。尽管也可能无论怎样都对这份工作提不起兴趣，但大多数情况下，我们都会在不断的探索和努力中逐渐发现工作的乐趣。

或许有许多人平时就是以这种心态投入工作

的，但尽管如此，还是要时常反思自己究竟是否为之付出了足够的努力。如果能够做到上述这些，总有一天你也能够怀揣着满腔热爱投入工作。

知识不该成为枷锁

"汽车大王"亨利·福特曾经说过这样一句话：越好的技术人员，越不敢活用知识。

这句话该如何理解呢？在企业经营生涯中，福特开创了流水线生产，自那以后，他的想法、创意更是层出不穷。为了将这些想法付诸实践，福特经常与工厂的技术人员讨论可行性。但是得到的答复往往是"不行啊老板，这从理论上来说根本行不通"。而且，越是技艺高超的员工，越有这种消极的想法。这令福特苦恼不已。

我认为福特的话非常有道理。

在日本，"知识分子的弱点"这一说法常常被人们挂在嘴边。但是仔细一想，就让人觉得这个说法很不合逻辑。明明接受了良好的教育，也具有丰富的知识储备，这样的人怎么会被人揪住弱点呢。而且现实生活中，有很多事情如果没有掌握一定的知识是无法做到的。那么究竟为什么会出现知识分子的弱点这种说法呢？

在我看来，这是因为知识分子往往会被自己所掌握的知识所束缚。

在面对一项工作时，如果我们没有掌握一定的相关知识，就不会瞻前顾后，而是会选择先尽力一试。在这种情况下，即使面临的工作很困难，也往往都能够成功。

但是如果掌握了一定的知识，那么从一开始就很可能会从思想上先否定自己，认为"这项工作太难了，根本办不到"。这样一来，即使是原本能做成的事情也做不成了。这就是被自己的知识束缚了，也就是所谓的知识分子的弱点。

这一点是我们在工作时必须格外注意的。现在的年轻人多半拥有高中及以上学历，掌握了大量的知识学问。且现如今的社会结构和职场工作越发复杂，这也要求年轻人具备相应程度的知识素养。这是好事，但要切记不可深陷其中，反被知识束缚。不要只停留在踌躇观望的阶段，而是要大胆果断地投入实际工作，然后再结合所学知识考虑如何将工作越做越好。这样一来，你的知识学问才会化作前进路上的巨大助力。

特别是刚刚告别校园的年轻人，更容易被知识束缚。希望大家都能够果断摒弃"知识分子的弱点"，大力发扬"知识分子的长处"，避免掉入知识的陷阱。

获取信任的第一步

有的时候我们可能会拜托员工帮我们做一些事。比如，今天下午约好了和对方见面，但是因为出现突发状况自己无法赴约。这时候我们就会拜托员工帮我们给对方致电说明情况并将见面时间更改为明天。像这种情况，员工基本都会回答"好的，我知道了"，然后去给对方致电。然而事后，有的员工会向我们回报"已向对方说明缘由"，而有的员工却不会。大家一般会如何做呢？

看上去是一件微不足道的小事，但是事后汇报和不汇报所带来的结果却截然不同。因为我们在拜托员工向对方说明情由时，虽然知道大概率能够得到对方的谅解，但肯定也希望得到确切的答复。但手头工作一件接着一件，即使我们在意对方的答复却也没有时间去确认。这种时候，如果员工来向我们汇报说"刚刚的见面时间调整对方已经同意了"，我们也可以安心了吧。

同理，当客户委托我们将信息转达给公司内部负责人时也是如此。将信息完整准确传达给负责人后，我们的任务就算完成了。但在这种情况下，我们同样需要将自己已经将信息转达完毕这件事汇报给客户。这样一来，即使客户原本并未期待收到回复，也会感到非常安心和欣喜。

通过这些细微小事就可以使身边的人感到安心，进而增强他人对你的信任感。"那个人办事能力很强，非常值得信任"。想要获得这样的评价，不仅需要聪明的头脑和专业的素养，更要通过身边这些小事逐步构建他人对自己的信任。

只专注于攻克困难的任务而不关注细节小事是不可取的。恰恰是通过这些平凡小事，打下坚实基础，才能调动自己的经验、智慧和才能，从而更好地投入工作。

这条建议不仅是讲给年轻员工的。根据我的经验，即使身为部门负责人，如果想获得他人的信任，那么无论事情结果好坏，都需要做好报告。当然，如果你负责整个部门的运营，且部门运作也顺利的话，不做特别的报告也是可以的。但是，无论说是处处都有回应也好，还是彼此以诚相待也好，这种体察他人感受，无论好坏都及时反馈的习惯都非常重要。

　　从这个意义上来讲，要想成为公司中不可或缺且值得信任的人才，第一步要做的就是将目光投向平时被忽略掉的那些微不足道的小事。

重视日常训练

工作中谨慎细心必不可少。这个道理几乎无人不知，但若想将其顺利地付诸实际行动，却并非一朝一夕之功。

曾有一次，我因重要事情打电话给某家公司。电话那边告知我社长正在出差，需要两到三天才能回来。我心想这也是没有办法的事，于是准备挂掉电话。就在这时，对方开口说："请您稍等，如果您有紧急事情的话，我来帮您联系社长吧。""方便吗？""是的，没有问题。""那麻烦您转告社长，我希望今晚能和他通一下电话。"

当天晚上，我就接到了那通长途电话，这件事也比预期更早就处理好了。如果当时我打电话给公司时，对方没有表示可以尝试帮我联系的话，事情就无法如此顺利地得到解决。

这件事情看上去微不足道，但我认为，能够迅速处理好这样的小事其实是非常重要的。可能是因为那家公司的社长平时就经常向员工强调待人接物、电话接待等方面的要求，所以接电话的员工才能够在适当的时机提出合理的解决方式吧。现如今社会发展日新月异，一天的拖延就可能造成无可挽回的后果。因此，这种细心周到的工作方式看似微不足道，实则最为难能可贵。

但是，即使知道这个道理，真正实践起来却并不容易。为了确保这种细微周到能够随时随地反映在自己的言行举止上，关键还是在于日常的训练。大家在平时的职场生活中是否足够注重这种训练呢？

自我提升是一种义务

松下公司自 1965 年起全面实行五天工作制。该制度实施大约半年后，我曾对公司员工讲了下面这段话。

距离公司开始采用五天工作制已经过去半年了，大家平时周末的两天休息日都是如何度过的呢？是否一天提升自己，另一天养精蓄锐呢？希望大家的周末不要在无所事事中度过，而应寻找实现自我提升的适当方法并将其付诸实践。

无论大家是追求上进，还是提升自身素养、工作能力，或是身体素质，我只想问大家一个问题。大家在学习或者运动的时候是否意识到了一件事？那就是"我这样努力提升自己，并非只是为了自己，这也是我作为社会一员应尽的义务"。我想问的就是，大家迄今为止是否思考过这个问题，或者现在是否在思考这个问题呢？

当时我之所以提出这个问题，是因为在我看来，这种责任感是每一位员工都应该具备的。

作为公司员工，主动学习知识，提升工作能力等，当然都是为了自身成长。但同时，这也是对社会应尽的一种义务。假设社会上每个人都能向上迈进一个台阶，那么整个社会也会向上迈进一个台阶。但如果其他人都向上边进了三个台阶，自己却只向上迈进了一个台阶，那么社会整体就很难向上迈进三个台阶。也就是，由于自己个人的原因导致社会整体水平的提升受到了阻碍。

因此，提升自身素养，磨炼自身技能，或是锻炼良好体魄等都不只是为了追求自身幸福或谋求社会地位的提升，同时也是为了尽到社会一员的责任和义务。我们每个人都应该清楚认识这种义务，或者说是身为社会一分子的集体感。

如果能认识到这一点，我们就不会再认为学习只是个人的事情了。关于这一点，大家是否认识到了这一层呢？

兴趣与主业

日常，在繁忙的工作之余，拥有一项兴趣爱好是有益的。

然而，在谈到兴趣爱好时，有些人却认为"工作只是为了混口饭吃，兴趣爱好才能体现真正的人生意义"。我认为这样的人很难在自己的本职工作中获得成功。只有对自己的工作感兴趣，带着喜悦与期待投入工作，才能收获相应的回报。

比如说，虽然你在某家公司就职，但是俳句[1]总是在脑海中挥之不去。即使工作的时候，俳句也时常浮现在你的脑海，并且你也觉得俳句非常有趣，很有研究价值。那么在这种情况下，你就应该

---

[1]　俳句是日本的一种古典短诗，一首诗由十七个音节组成，要求严格遵守五、七、五的音节结构。——编者注

果断将俳句作为自己的本职工作。

过去只靠俳句几乎很难维持生计,但也有人并不在乎温饱,只是一心钻研俳句。幸运的是,今天已经很少有人会身陷如此困顿的境地了。因此,即使以俳句为生的日子稍显清贫,但如果你认定创作俳句就是自己毕生所求,那就不妨大胆地在俳句中追寻自己的人生价值。

当然,也有人认为"我可以将主要精力放在主业和工作上,闲暇时间用来钻研俳句。这样既充实了自己,又可以通过主业实现个人发展"。事实上这样的人应该在大多数。而这其实也是兴趣最初的意义所在。

如果你尚未划分好兴趣与主业的界限,就需要趁早作出决定了。

推销也是一门技术

想让客户掏钱购买商品绝不是一件容易的事情。"这件商品绝对超乎您的想象，您买了一定不会后悔的。"有时，仅仅是这样稍微为商品美言几句，就能激发顾客的购买意愿。但大多数情况下，做生意只靠这些是不够的。因此，那些热衷于经商之道的人，往往都会钻研出各种营销手段来吸引顾客购买自己的商品。

在我看来，推销这门技术对于普通职场人来说也尤为重要。换言之，如果希望自己的提案被公司采纳，打磨提案本身的内容固然重要，但同时也要思考如何推销这份提案。也就是说，身为职场人最重要的技能之一就是用精妙的语言技巧，将提案内容精准表达并说服你的上司甚至社长欣然采纳。

完全不锻炼自己的语言技巧，却经常抱怨上司的理解能力太差。这种态度和行为对于自己和公司而言都毫无益处。

关于产品推销，产品自身的竞争力自然是应该摆在首位的。但是，无论多么优秀的商品，如果没有好的推销手段，想要达到畅销的程度也是很难的。对于职场人而言，最基本、最重要的就是个人能力。因此，我们必须通过不断努力来实现自我提升。但同时也不要忘记，以真诚的态度将自己的能力推销出去，并获得他人的认可，也是非常重要的。

经历训斥才能独当一面

任何人遭到训斥或告诫肯定都会心生不悦。即便确实是因为自己做错了事情才被上司责骂，也难免会因此消沉一整天。无论是谁都会尽量避免遭到训斥，这是人之常情。

其实训斥的一方也是如此。训斥完下属之后，自己心里也会产生一种难以言说的烦闷。想必担任过管理职位的人都能理解这种感受吧。

既然训斥与被训斥都并非本愿，那如果将那些必须拿到台面上好好说教一番的事情一笔带过又会如何呢？一旦有一次抱着这样的态度含糊了事，之后就再难在是非对错的问题上划清明确的界限了。如此一来，职场工作中的严谨性会丧失，人们待人处事的态度也会松懈，随之而来的就是逐渐暴露出来的人性弱点，长此以往，不仅个人无法得到发展，甚至还可能使公司面临倒闭的风险。

正如今天社会上所强调的，重视个人的自主性，让员工自发地、轻松愉快地投入工作是很重要的。但这与责备的必要性并不冲突。恰恰相反，只有通过训斥告诫，才能使我们的自主性和个性得以充分发挥，同时实现个人能力的提升。

早些年我还在一线工作的时候也经常训斥员工。当时的我血气方刚，从不约员工单独谈话耐心教导，而总是当着所有人的面猛敲桌子大声训斥。

然而那些被我痛骂一顿的员工却并没有因此消沉，反而感到非常开心，好像受到了夸奖一样。

为什么这么说呢？经历过创业初期后，公司规模不断扩大，员工数量也不断增加。如此一来我便没有办法顾及每一位员工，更无法指出他们每个人的不足之处。在这种情况下，我只能针对一些身居要职的员工进行批评指正。于是，员工之间便逐渐形成了一种风气，那就是认为"被老大训斥之后就能独当一面了"。

因此，被训斥之后不仅员工本人会非常开心，周围的人也会为他感到高兴，并鼓励他说："不错啊，被老大训了。这证明你也可以独当一面了啊。"这种良性氛围也是促进员工成长和公司发展的巨大动力。

虚心接受必要的训斥并认真反省，进而奋发图强。唯有如此才能不断成长，实现自我提升。

我希望年轻职员和管理阶层都能够在日常工作中将上述内容铭记于心。特别是对于年轻人来说，更要以此为基础更进一步，主动请他人为自己指出不足，从而不断进步。

为工作拼上性命

如今的公司职员或者说工薪族中，有多少人会为自己的工作拼上性命呢？

我想可能会有不少人觉得为工作拼上性命太不值得了。但是在我看来，没有比为自己的工作拼上性命更快乐的事情了。而且，无论是什么工作，如果不能抱着这种态度投入工作的话，是很难获得真正的成功的。

大约在二十多年前，一位名叫加加林的苏联人成为首位进入太空的人。搭乘载人飞船前往太空无疑是一项赌上性命的工作。从计算结果上来看，宇航员完全可以毫发无损地返回地球，但在实际操作过程中仍暗含着许多未知的风险。尽管如此，加加林仍然表示愿意为此拼上性命，尽力一试。于是他选择了搭乘宇宙飞船前往太空。这一壮举也使得苏联成为首个成功将人类送入太空的国家。如果当时加加林因为惧怕风险而选择放弃进入太空的话，也就无法成就如此丰功伟绩了。最近，美国通过航天飞机实现太空遨游也是同样的道理。

当然，太空飞行这个例子非常极端。但是我们依然需要多多少少带着这样的激情和信念投入每日的工作，否则我们将很难取得成功。因此，作为员工，特别是意气风发的青年员工，应点燃心中的火焰，大胆为工作拼上性命。如此不仅能够诠释工作的意义，收获无上的快乐，也能唤醒周围的人们，大家共同为社会的繁荣发展打下坚实的基础。

然而，当有人以这种态度投入工作时，就会有人嫉妒地说这是年少轻狂。我认为这是日本封建主义遗留的陋习，是一种极不民主的现象。当那些意气风发、能力出众的人出现在我们身边时，我们对此倍感欣喜并鼓舞他们继续前进，这才是真正的民主主义。当我们认识到每个人的长处，并使其得到充分发展利用时，才能说发挥了民主主义的良好作用。因此，不必对他人的妒忌心生畏惧，要拿出你的勇气踏踏实实地投入到工作之中。

而且，当你真正拼上性命认真工作时，几乎都不会让你付出真正的生命，反而会给予你无限活力，从而更好地去体会工作的意义，感悟人生的乐趣。

不忘初心

少时我在大阪的一家店铺做学徒。十五六岁的时候，我有了想从事电力工作的想法，于是便决定应聘一份电灯公司的工作。当时我托人向大阪的一家名为大阪电灯株式会社的公司递交了应聘申请，然而想顺利入职并不是一件易事。一个月、两个月、三个月过去了，那份仿佛石沉大海的应聘申请令我倍感不安。但是，我的初心却并未因此动摇，于是我决定先在水泥公司做临时工，也就是我们现在常说的打零工。终于，在第四个月的时候，我接到通知，说公司有职位空缺，只要通过考试就可以入职。就这样，我怀着无比喜悦的心情参加了考试并顺利通过了。

彼时的那份感激和喜悦我至今仍记忆犹新。这份梦寐以求的电灯公司录用通知为我带来了巨大的感激之情。虽然这么说有些自夸的成分，但正是因为这份感激，入职后我的工作态度非常认真，工作成果也很令人满意。毕竟苦等了三个半月才成功入职，一定要做出成绩。抱着这样的念头，我每天都不遗余力地在公司埋头苦干。也正因此，彼时公司的同事们都非常疼爱我。一般来说，从见习工晋升到正式技工至少也需要两三年时间，而我却在第四个月就被提拔到了正式技工。这些都是我的真实经历。

为什么要讲这段经历呢？我想大家在初入公司时一般都会或多或少心存感激和喜悦之情吧。而在之后的工作生活中，不时回顾当初的那份感激和喜悦对于今后的职场生涯可以说是大有裨益的。

入职两三年后，大家可能在工作中都会有些不顺心的地方。可能有时也会质疑自己是否应该继续在这家公司工作下去，也可以将此视作对于公司逐渐熟悉后产生的低迷期。

有许多方法可以帮助我们跨越这段低迷期。其中一个常被提及的就是"不忘初心"。也就是时常回顾自己初入公司时的感激、喜悦和决心，以自己的方式重新定义你的职场生活。

在工作中自我锻炼和提升

在我担任公司社长时，经常会问公司员工，特别是中坚员工下面这个问题：

"很多美国的大型企业成立新公司或者开设工厂时，都会任命三十多岁的员工担任最高负责人。我想大家也差不多正处于这个年纪。那么如果我现在说要任命你们担任技术部长或是工厂厂长，甚至是相当于公司社长的职位，你们会如何回答我呢？是否有足够的信心回答'我一定不辜负公司的信任，履行好厂长职责，制作出优良的产品，培训好公司员工'，或者'您就放心把社长的职务交给我吧'之类的话呢？换言之，各位进入公司积累了十多年的经验，如果此刻被赋予要职，是否有足够的信念能够保证在自己的带领下，公司不会输给国内外任何一家公司呢？大家关于这一点是如何考虑的？有这份自信的人请把手举起来。"

结果举手的人寥寥无几。于是，我继续说：

"我想各位应该是因为谦虚才没有举手。但是，我希望大家都能够在听到这个问题之后马上在心里把手举起来。迄今为止，大家的前辈中有许多人被新任命为公司负责人。他们在就任后取得的成绩不仅在公司内部，甚至在整个业界和世界范围内都是有目共睹的。在这些前辈的努力下，公司才有了今日的发展。而他们也都是从青年时期起，就将公司当作磨炼自身的场所，每日认真投入工作，逐渐摸索其中的窍门。这就是他们能够在就任新职位后不久就取得如此卓越成绩的原因。

无论在任何时代，这种精神都十分重要。那些著名艺人除了自身具备优秀的素质以外，还时刻分秒必争地打磨自己的技艺。据说有的艺人仅仅为报纸上的一行负面评价就彻夜不眠地思考精进的方法，正是这种精神孕育出了那些令人拍手称绝的精湛技艺。公司的工作亦如此。正是日复一日的磨炼与努力才造就了身为领导者的能力和自信。

虽然看上去轻而易举，但事实上要每天都保持这样的努力却并不简单。希望大家能够时常反思自己的状态，以崭新的自己迎接未来的挑战。"

成就别人也是成就自己

假设现在有一家由一百名员工组成的公司，那么其中总会有一两位想法新颖、工作尽责的人。如果这一两个人在公司中担任重要职位的话，将会为公司整体带来非常可观的收益。

据我所知，曾经在一家中型企业就发生过类似的事。当时那家公司正处于一个不上不下的境地。但是由于公司希望扩大规模，便果断雇用了十名新员工。其中，有两名员工表现非常突出。于是公司社长便对两人进行了破格提拔。当然，由于是中型企业，所以也有很多在公司工作了很多年头，也积累了丰富的经验的员工。但是，其中拥有真知灼见的员工却少之又少。因此，尽管这两位员工的入职时间并不长，却获得了公司的特别优待。

但这样也会诱发一些棘手的问题。因为在这种情况下，周围的人往往会议论说："只有那个家伙做得好吗？真没劲！"但是或许是那家公司的社长处理得当，也可能是员工之间的沟通恰到好处，总之在那家公司并没有出现这种问题，那两名新员工也顺利地得到了重用。之后的三年间，这家公司发展迅猛，整体都发生了翻天覆地的变化。

除了这家公司之外，类似的例子还有很多。从这些例子中，我们可以深刻地认识到这一两位优秀人才的力量是多么重要，而这种力量也会惠及公司全体员工。

这种模式在某种程度上已经成了当今业界的一种普遍现象。然而事实上，这种模式还并未被大多数人所积极接受。日本人往往对他人受到的破格提拔很难产生认同，或者不如说是妒忌被提拔者。很多人都认为遇到这种事情总觉得高兴不起来。这种心态不仅会阻碍职场和公司的发展，也很难让大家发挥出自己真正的实力。

不仅公司员工要具备这种观念，所有日本国民也应将这一点铭记于心。

在职场中努力打拼以求出人头地固然重要，但是除此以外，希望大家在看到别人步步攀升的时候，不要想方设法地将他拉下来，而是要推他一把，让有能力的人去做适合他们的工作。这样一来，对方也会反过来拉你一把。这种相互促进、共同成长的精神不仅对公司来说尤为重要，对于全体国民来说也是不可或缺的。

关心不等于奉承

我曾经与某位青年员工进行过一次交谈。当时的对话内容大致如下：

"你会按摩吗？"

"不，我不会。"

"你以前没有为父母捶过肩膀吗？"

"啊，几乎没有捶过。"

"那你很难出人头地啊。"

听罢，这位青年露出了讶异的表情，因为他并不理解按摩和出人头地有什么关系。于是我笑着对他解释道：

"比如说某天你和科长一起加班到深夜。这种情况下，你可能因为年轻所以仍觉得精力充沛，但是相对年长的科长却可能会感到疲惫。这时你能否向科长提出为他按按肩膀呢？

诚然，公司是工作的场所，所以即便不做这些也合情合理。但是，如果你能在不经意间提出为科长揉肩的话，无疑会令科长倍感欣慰。

当然，即使你这样询问，科长也几乎不会真的让你替他按摩。通常来说，在这种情况下对方都会婉言谢绝。但仅仅是这样一句话，就能为科长带来远超按摩本身的喜悦感，然后科长也可能反过来亲切地对你表示关怀。例如'抱歉让你加班到这么晚。原本你是有其他安排的吧'，等等。

正是得益于这种相互关怀，我们的工作才得以顺利完成。所以我非常希望你能够将这份体贴与关怀自然而然地传递给你的上司和周围的同事。唯有如此，你的事业才能迈上崭新的台阶。"

其实这种行为并不是奉承讨好，也不是曲意逢迎。尊重上级、抚慰劳者乃人之常情。这种出于关怀的交流在人际关系之中是极为常见的。

当然，如果你是为了出人头地，或者其他出于某种目的才这样做的话，对方也能感觉得到。这样一来反而会事与愿违。这个世界并没有想象中那么简单，但是出于真心诚意的言语和行为本身就很难能可贵，自然也更容易打动对方。真心诚意这类词虽然听起来非常老套，但是在我看来，能够自然而然地表达这种真心诚意的关怀对于当代员工来说是尤为重要的。

第 **3** 章

中高层管理者篇

错在下属吗

当某个部门的业绩表现不尽如人意时，我们往往会将相应部门的部长找来询问原因。而部长则会回答："我已经非常努力在工作了。但是下面的课长里有些工作能力不足和不服从管理的人，导致业绩一直得不到提升。非常抱歉。"

事实可能的确如此。但即使真如这位部长所言，这样的事情也不应成为借口。

每个部门都有各自的任务，而确保部门任务能够顺利完成的最高责任人自然是部长。因此，如果下属中有人不能胜任工作而影响整体业绩的话，部长应该采取相应措施来解决问题。换言之，即使把这名员工换掉也要保证部门任务顺利完成。这就是部长肩负的责任。

那么合理的做法是什么呢？在这种情况下，应该将情况如实地汇报给社长或其他公司领导者。比如部长可以提议说："这名下属如果调换到其他部门工作的话，应该更加合适，也能够发挥自身潜力。但是我认为当下的部门工作还是与其个人能力不相匹配。所以为了部门和公司，也为了这名员工个人的发展，希望公司能够将他调换到其他部门工作。"

然而在现实中，很多人可能会认为提出这种建议就证明自己无法管理好下属，有失部长的体面，所以碍于情面往往选择避而不谈。但是，像这样为了顾全体面而将该说的话都藏在心底的人，严重缺乏身为部长的使命感。也就是说，他们往往习惯于对于自己被赋予的重要任务敷衍了事。

这条提议同样适用于部长自身。也就是说，如果认为自己无法胜任部长的话，同样要及时向社长或其他上级领导反馈。"我担任部长迄今已有一年了，但是在这期间我没有拿出足够亮眼的成绩。我想我目前还不具备担任部长的必要素质，所以请公司允许我辞去部长的职位，将我调换至其他岗位工作吧。"诸如此类，即使这种失职情况涉及自己，也要及时向上级反馈。

当然，在判断是否存在失职情况时，无论是对于下属还是自身都要一视同仁，秉公对待。只有这样，才能及时果断地将不称职者调离岗位。而事实上，有很多人在调换至其他部门岗位后，反而表现更为出色。

　　说到底，部门的经营情况在很大程度上取决于部长一人的作为，也就是说部长一人肩负着整个部门的未来。公司要想稳步发展，就需要部长每日严格履行自身职责。希望高层管理人员都能将这种责任意识深植于心，付诸行动。

责任在我

有关高层管理人员的职责，我还想再强调一点。

在进行公司决策时，一般都是通过会议形式进行慎重讨论，再综合大家的意见作出决定，也就是所谓的民主主义做法。但是在我看来，即使像这样由大家一起出谋划策，最终的决定权还是掌握在部门的负责人部长手中。

换句话说，部长阶层手握最终决定权，就必须为自己的决定负责。无论是由多少人共同商议的决策，一旦被采纳，那么所有责任都将由部长一人承担。只有敢于站出来说出"责任在我"的人，才能称得上是真正的负责人。

然而事实上，能认清这一点的人并不多。因此才常常会有负责人为逃避责任而借口说："这是大家一起作的决定。"

就算是多数人共同作出的决定，如果负责人认为这个决定不可行，自己无法承担这个责任，那么就应该明确表达出来并说服众人舍弃这个决定。如果做不到这一点，就应该考虑退位让贤。总而言之，负责人一定要明确划定自己的责任界限。

如果身为负责人却做不到这点，反而说出"我其实是不赞成的，但是因为是大家的决定……"这种话，就是严重失职。

不仅对于自己部门内部的问题需要采取这种态度，在对待公司整体的问题的时候也应如此。在必

要的情况下，要向社长或是其他公司高管如实汇报
自己责任范围内需要汇报的内容。只有肩负起应负
的责任，才能获得下属和上级的信任，从而更好地
投入工作。

提高专业素养

工作十几二十余年后，大家大都会在各自任职的公司担任要职。但是，有多少人能够毫不犹豫地说出"我已经是这行的专家了。凭借独当一面的专业技术我完全能够养活自己。所以我对自己的工作很有自信"这种话呢？

虽然平时我们可能对自己的工作水平有一定自信，但是如果真被问到"你有自信说自己是这行的专家吗"的时候，是否能够给出"我已经是老手了。如果按围棋或者日本象棋的标准来看，我想差不多也到专业三段[1]的水平了"这样的回答呢？想

　　1　日本象棋中以"级"和"段"划分棋手实力，称作"段级位制"。其中，初级棋手以"级"划分实力，"级"数越小则实力越强。"一级"为最高级，向上则可以入"段"。而高级棋手和职业棋手则以"段"划分实力，"段"数越大则实力越强，最高为九段。——译者注

来也不容易吧。

但是，担任公司高层管理职位以后，就必须培养自己这方面的自信和实力了。

举一个非常简单的例子。用毛笔写字时，初学者往往花费很长时间也很难写出一页好字，但是精通书法后，几乎瞬间就能在白纸上写出令人惊叹的好字。其中的实力差距显而易见。

我们在工作中撰写方案、生产销售时也是如此。只有成为相应领域的专家，才能毫不费力地设计出优秀的方案，或在极短时间内制作出优质的产品。虽然有的事情确实能办到，但是要想办成，有时却要花费十天甚至二十天的时间。这种情况确实存在，但绝不是什么值得赞扬的事情。这只能体现出对专业领域业务的生疏。

　　在过去的第二次世界大战中，我曾听过这样一个传闻。在美国，如果飞机在某次战斗中被发现存在缺陷，则仅需几位技术人员在一周内就能够完全解决。而改造好的飞机甚至在下一场战斗中就能正常投入使用。我不知道这个传闻的真伪，但是如果确实有过人的技术设备以及高水平工程师的话，这个传闻就很有可能是真的。

　　在如今的产业环境下，产品研发速度和工作节奏都在加快。为了在这种环境下履行好高层管理者的职责，就必须具备成为行业专家的信心与实力。加之当今世界发展迅猛，我们也必须不断提升自己，以跟上世界变化的步伐。在当今这个时代，今天还是业界专家，明天就退步成领域新人的例子也屡有发生。

因此，高层管理者们必须时常检视自身能力，认真审视自身水平。只要将这种努力持续下去，个人的成长就是无限的。

培养人才的诀窍

　　都说人才是企业发展的中流砥柱。在企业经营
中，人才培养的重要性不言而喻。在部门中，只有
做好人才培养，才能实现整体业务水平的提升和发
展。因此，对于管理者来说，人才培养是重中之
重，一刻也不容松懈。

　　那么如何才能培养优秀人才呢？需要注意的要
点有很多，但是其中最基本的一点就是要确立部门
方针。部长需要向部门全体成员明确该部门在公司
内承担怎样的工作。同时，全体成员都需要在部门
方针的指导下开展工作，以求准确高效地完成部门
任务，在理解部门方针和目标的前提下，主动学习
不断进取，遇到困难更要主动寻求帮助。作为部
长，最基本的就是要时常向员工们强调以上内容。

就公司层面来说也是这样。如果社长提出了某项方针，并期望员工遵循这一方针磨炼自身技能，提升自身能力的话，那么员工就需要在这一方针的指导下不断努力进取。如果公司没有制定任何方针，或是对于方针不加以重视的话，员工就不知该朝什么方向努力。这样下去，员工每天只是得过且过，很难实现自我提升。

国家层面亦如此。如果一个国家有着明确的目标，就会以这一目标为方向开展教育，而国民也会向着这个目标不断努力。如此一来，这个国家就会不断发展。此外，对于个人来说，也只有明确了自身目标，才能向着这个目标奋发努力，不断提升自己的实力。

部门的方针和目标自然需要与公司整体方向相吻合。但是身为管理者，必须向员工们明确这一方针。诸位在为自己的员工不够努力而感到苦恼前，请先尝试找出自身存在的问题吧。

不对下属进行过多干涉

身为人类，我们都具有凭借自身行动去帮助他人的本能。如果有人跟你说"你不用工作了，就尽情地玩吧"，或许当时有人会感到很开心，但是过一段时间之后，大多会陷入迷茫。考虑到人类的本性，我认为让下属最大限度发挥工作能力的诀窍之一就是不对他们的工作意愿进行干涉。如果下属原本正打算投入工作，却被你迎面泼上一盆冷水，任谁都会觉得郁闷吧。这时或许他们就会放弃工作转而选择给自己放一天假了。

我本人一直都尽可能地不去影响员工工作的斗志。但是这并不代表我们要一直袖手旁观，或者不对员工进行任何劝告。身为指导者，我一直主张该说的话就要明确说出来。但是一定要注意说话的方式，避免打击员工的积极性。

有的人常说"总觉得在那个人手下工作要更轻松"，或者"那个人总是能理解我"。这些说到底都是因为上级没有对下级的工作进行过多干涉。然而事实上，许多上级都希望自己的下属能够拼命工作，但是自己所做的事情不仅没能帮上忙，反而影响了下属的工作。

不进行过多干涉，换言之就是以信任对方为基础。当然，我们都不是圣人，自然很难做到百分之百地信任下属并将工作交予对方，但是 60% 总没问题吧？虽然我们可能会对剩下 40% 的完成情况感到没有把握。但即使是这种时候，如果完成度能达到 60% 以上的话，就放手对员工说"好好做吧。我相信你一定能做好。这件事就拜托你了"。在这一过程中要秉持这一基本态度，尊重对方的自主性并不时加以叮嘱。这种情况下就我的经验来看，与失败相比，收获超出预期的成功的概率要远大得多。

如果你平时非常热衷于督促下属工作的话，不如试着反思一下，自己是否对下属的工作干涉过度了？

避免对立的产生

在部门工作中，员工之间或课长之间难免会产生对立，对人际关系产生影响。这种冲突谁都不希望看到，但对于普通人来说这种情况却是不可避免的。

因此在某种程度上，我们要容忍这种对立的产生。作为管理者，为尽量避免这种情况的出现，就需要在处理人际关系问题上多下功夫。

举例来说，如果一个部门里有三位课长，且三人性格与实力基本相同的话，就较为容易产生意见对立。因此，最好选择三个性格特质各不相同的人来组成一个部门团队。例如其中一人善于决断的话，另一人就要善于协调。这样一来，团队中的对立会更少，效率会更高。作为高层管理者，就需要在这种人事协调方面考虑周到。

然而，就算管理者能通过恰当的人事安排保证部门正常运作，还是很难处理好包括自身在内的管理者之间的意见对立问题。谁都不希望看到这种意见对立的产生，但是由于自己也是身在其中的一员，所以尽管有心避免这种纷争，但到底还是不容易实现。我认为，这种情况下最主要的处理方式就是让大家各自承担不同的任务。

举个例子来说，如果三位管理者同属一个团队，同时三人的级别又完全相同，那么团队就很难正常运作。在这种情况下，应当另外指派一人为最高负责人，其他人在作出决定之前都需征询最高负责人的意见；或者其中一人担任领导者，负责听取其他两人的意见并进行认真取舍。

关于这一点，我曾向某家公司的社长提出过忠告。当时我对他说："你最不应该的就是让你的朋友来担任公司的高管。"

为什么我会这么说呢？其实我对于这位社长聘请自己的朋友担任公司常务董事这件事非常担心。因为在这种情况下，首先需要向对方明确"在进入公司之后，你将作为我的下属投入工作，而非我的朋友。如果你能够接受这一点，那么我将非常高兴地聘请你。但是，如果你认为自己是作为我的朋友来帮助我的话，就请不要进入公司，而是在公司外部对我进行协助就可以了"。

　　如果身为社长不能明确这一点，而是以含糊的态度聘请友人担任公司常务董事的话，这位友人就会以朋友的身份与你相处，而非常务董事的身份。这样一来，如果某天出现了意见相左的情况，这位友人就会认为作为朋友应当畅所欲言。有时即使社长已经作出决定，常务董事也会因为不赞同而产生不必要的意见分歧。

　　出于这种利害关系的考虑，我才对那位社长进行了劝告。因此对于高层管理者来说，处理好包括自身在内的人事分配问题尤为重要。

于失败中找寻真正价值

人们总会在一些意想不到的地方犯错或是失败。在公司工作时，也免不了会发生一些令人措手不及的意外情况。当然，如果能够从根源上避免犯错或失败是再好不过的了，毕竟没有人想尝试失败的滋味。但是人都不是完美的，偶尔的失败在所难免。

重要的是犯错之后如何应对。毫不夸张地说，你的处理方式决定了你的真正价值。

那么应该如何处理呢？最佳的处理方式是坦率地承认自己的错误并加以改正。虽然这种做法看上去非常普通，但却是最好的选择。

很多失败的人常常会抱有一种想法，那就是"事到如今已经无法回头了。必须维护自己的面子"，于是他们只得硬着头皮让自己错上加错。这种是最糟糕的情况，甚至比犯错本身更加严重。

人非圣贤，谁都会在漫长的一生中犯下许多过错。但是犯错之后就要坦诚改正错误。越是身居高位的人越需要谨记这一点。因为身居高位的人即使知道自己犯了错，往往也会试图掩盖过错。而这种做法则会酿成更加无可挽回的错误，不仅使自己身陷囹圄，更会使公司和周围的人遭受巨大损失。

这一点需要大家引以为戒。同时，对于犯错的人，也要给予善意的宽容和谅解。

转祸为福

在工作中，有时即使公司整体发展良好，也难免会遇到一些个人方面的问题与困难。不仅职场方面如此，家庭生活方面也是这样。很少有人能连续五年十年都过得一帆风顺。

这是这个世界的常态。重要的是无论在何种场合，我们都能不忘自己的决心和信念。也就是说，我们都在工作中会遇到各种难题，但关键在于我们是否有足够的信念和决心去面对它们。如果不具备这些素质，在面临困难的时候就会内心动摇从而败下阵来。这也就是所谓的陷入失败境地。

曾经我也遇到过许多类似的事情。幸运的是，很多时候一个问题往往会带来意外的收获。例如，某次生产的产品销路不畅造成了巨大损失。但是，正因为销路不畅才使得我们有了另一个发现，而这一发现对于公司发展起到了很大的促进作用。这种情况在我身边时有发生。

例如，我们在与客户的合作中遭到对方的严厉斥责。员工回到公司之后向我报告说："对方非常生气，并且表示今后不会再与松下电器合作了。"这种情况曾经出现过多次。

然而，这种时候我总会想："这真是天赐良机。遭到责备恰恰是缔结良好关系的契机啊。"

于是我便会对员工说："你再去把松下电器的想法向客户转达一次。你就跟客户说'我回去向社长汇报后，社长说我们所想所做对于对方来说是没有任何不利之处的。诚然，我们有做得不到位的地方，被指责也是理所应当的。但是我们在根本上会充分考虑对方的利益和立场。如果仅因一次过失而将公司方针全盘否定是非常令人遗憾的'。你就像这样将上述情况完完整整向对方说明。如果这样仍然无法解决问题，就果断放弃。你无须顾虑其他，只要将我说的话再去向对方转达一次就好。"

我经常让员工这样做。而对方听到这番话的回答往往是："你们老板真是这么说的吗？我知道了。既然如此，那我就重新考虑一下，今后继续与你们公司开展大规模业务合作吧。"如此一来，过失便转变成了机缘，反而让双方的关系更加深厚了。自那之后，许多人也因各种机缘成为我们公司的忠实伙伴。

　　所以像这种时候，如果只考虑自己单方面，而没有及时向对方表达我方信念的话，或许被骂之后双方合作也就止步于此了。不过在我看来，工作和经营绝不是为了我的一己私利，而是为大众，为客户而努力。我常常扪心自问，每日反省自身以确保自己的信念和立场足够坚定。也正因如此，我才能做到所谓的转祸为福。

　　这种信念不仅在处理客户关系时十分必要，对于其他工作也是不可或缺的。

正确评估自身能力

常听人说:"那个人还是普通员工的时候工作做得出色,也非常有能力。但是当上主任[1]之后不仅做不到知人善用,连自己的工作都难以胜任了。"或是"他做课长的时候做得相当不错,但是升到部长之后业绩却无论如何都上不去。"

最近这种状况虽然有所改变,但是由于日本的年功序列制[2],使得一些能力之外的因素在晋升或加薪考核时被纳入了考量。这就导致了一种现象,那就是虽然晋升为部长或主任,也收获了满满的喜悦和祝福,但上位后才发现此人才不配位,难堪大

---

1 "主任""课长""部长"均为日本企业中的职务名称,职级递增。——编者注

2 日本政府机关、企业按照职工的年龄、工龄、学历等条件,为职工逐年晋升、加薪的一种人事制度。——译者注

任。这种情况对于当事人来说有百害而无一利，也会为公司带来不小的负面影响。

在这种情况下，如果当事人能够清楚衡量自身能力，那么即使被公司提拔为部长，也会主动向公司表明："以我目前的能力虽然可以胜任课长一职，但是担任部长还是有些勉强，所以请容我拒绝这次晋升。"这样一来，此人不仅不会失败，反而会在课长的位子上做得风生水起。

当然，也可能发生与此相反的情况。归根结底，重要的还是要对自己的能力有清楚的认知，并在此基础上从事适合自己的工作。

如果只有五十分的能力却想做七十分的工作，那么遭遇失败自然是在所难免的。相反，如果有一百分的能力却只做七十分的工作，那样虽然不会失败，却是对才能的极大浪费。因此拥有一百分能力的人一定要对自己的能力有正确的认知，至少也要做九十五分的工作，否则对于自己和社会来说都是一种损失。

因此要时常对自己的能力进行合理评估，从事与自己性格、能力相符合的工作。这一点特别是对于管理者来说极为重要。如果能做到这一点，就不会心有不满，反而会带着从容和喜悦投入工作。

对于一名员工来说，或者说对于一个人来说，最难能可贵的不是从事一份多么伟大的工作，而是能够真心实意地投身于与自己能力相符的工作，并把它做好。

但是还有一点需要注意，人的能力和资质并不是一成不变的，而是时刻在发展进步。我们需要通过不断的努力主动追求自我提升。

因此，我们一方面要时常评估自身能力，不从事超出自己能力范围的工作。同时也要不断努力增强自身实力，以便今后能应对难度更高的重要工作。

充分运用好这一点，不仅会为自己带来更大的喜悦感，对公司和社会而言也是一种贡献。

关键时刻可堪大任

曾听某位前辈说："人多反而不好办事。"企业的经营管理也确实如此。平时可用的人一抓一大把，但是一到关键时刻，实际可用的人却并不多。

当然，能够完成日常工作的员工也很重要。而且，也不可能指望这么多员工都能在关键时刻派上用场。但是，在公司面临紧要关头时，就需要一些员工站出来，帮助公司渡过难关。

那么什么样的人才能在关键时刻发挥作用呢？拥有相关领域的知识和经验固然非常重要，但仅仅是这些还不够。在此之上，还要具备以命相搏、以死明志的决心。如此才能成为在紧要关头堪当大任的人。

　　我曾在书中读到过这样一个故事。明治时代 [1]，日本正处于繁荣发展时期。当时明治政府的大臣们如果遇上重大困难，往往都会为了承担责任而主动请辞。面对这种情况，明治天皇曾说："诸位大臣自然可以请辞，但是我又该如何呢？我是不能够辞去天皇职位的。"

　　我认为明治天皇之所以能够说出这样的话，归根结底是因为他已将自己的生死置之度外了。众所周知，日本当初没有电车、电话，文化方面也相当贫瘠。正是在明治天皇稳固、坚实的领导下，日本才得以奠定近代国家发展的基石。

　　1　公元 1868—1912 年。——译者注

尽管要完全做到这一步非常困难，但我还是希望高层管理者们能够在日常生活中培养自己遇事坦然面对的决心和勇气。

坦然同烦恼共存

身为部门负责人或是公司管理者，时常要处理各种各样的问题。即使部门或公司的发展看上去平稳顺利，管理者们也需要为接下来的事情早做打算。因而他们心中时常思虑着"关于那件事必须尽快拿出对策"、"这件事必须趁早解决"，等等。有时甚至忧心到寝食难安的地步。许多人都希望自己能够一鼓作气解决所有问题，从而彻底安下心来投入工作。

但是在我看来，这种绝对安心的状态是不可能达到的。因此，我们唯一能够做到的就是尽最大努力追求这种绝对安心的状态。

回顾我曾经的经营历程可以发现，我几乎每天都处于一种奋战竞争的状态，每日提心吊胆，担心一步走错就造成难以挽回的局面。因此，我常常是心事重重的样子，不是想着"这样做是行不通的"，就是"那件事必须马上开始着手去办了"，或是"这件事也要抓紧进行了"，一日也不能松懈。

不过仔细想来，工作的常态不正是如此吗，也正是每日的思虑忧心促成了今日事业的发展与成功。

国家治理也是如此。治理者每时每刻都心系国家的存亡，并不断为国家的发展出谋划策。即便如此，国家所处的立场与地位也无时无刻不在变化。

事实上，即使是在第二次世界大战后一直被视为领袖国的美国，最近也因多方原因国际声望下跌。国家领导者都是代表国家门面的杰出人物，但即使如此杰出的人物付出难以想象的努力，也改变不了国力变化永远此消彼长这一事实。

国家尚且如此，我们的公司、部门和个人的变化幅度自然更为明显。因此，我们不可能每天都无忧无虑地悠闲度过工作时光。这就是工作的常态。况且，工作本身就需要我们与各种烦恼与忧虑共存。

这种常态的确难熬，也确实痛苦。但是，无论何种烦恼忧虑之中都留有我们生存的空间。换言之，管理者们要具备足够的耐心。因为烦恼与不安皆是常态，如果无法忍受就只能选择辞职。但也正是这些忧虑督促着我们不断学习。过去的烦恼会化作宝贵的经验，激励我们不断探索未知的领域，研发出更加优秀的产品。身为管理者，重要的就是要带着这种心态不断克服各种烦恼与忧虑，从而在工作中收获快乐，进而不断探索人生的意义。

坚信未来永无止境

　　如今在企业经营方面，制造、技术、销售等各领域的先进方法层出不穷。这种进步和发展着实令人瞩目，但仔细一想，当下这些所谓的进步与发展放在百年之后又会被如何看待呢？百年之后的人们如果知道了今天我们所做的事情，或许会嘲笑说："当时的人居然会做这么无聊的事情。"世界的发展就是如此之快。

　　今天看来毫无可能的事情，其中多半或许在百年之后将成为可能。并且百年之后还可能出现其他更大的问题等待人们去解决。只要人类存在一天，就会不断探索未知的新方法。人们不断解开新难题，发现新方法，而在这一过程中发挥推动作用的，是我们产业界人士，特别是管理者必须肩负的使命。

　　我认为能够在这种自觉之上树立坚定信念的人，在工作方面也基本会一帆风顺。或者说自己虽为工作劳心费力，但至少能够收获外人眼中的一帆风顺。

　　在这种情况下，最为重要的就是无论面对何种困难，都要坚信一定会有更好的解决方法。在心中树立强大信念的同时，也要坚定地向员工们传达一种信念：无论面对何种情况，只要动手去做就一定能够成功。

　　如果一件事情，领导者认为做不到的话，那么即使是原本能够做到的事情也会面临失败。反之，如果领导者认为"只要动手做，就一定能成功"，并将所有下属召集起来坚定地告知他们："我想与大家一起完成这项工作。我认为我们能够做好，所以也希望大家尽力协助我。有了大家的支持，我一定会带头好好干的。"下属们也会被这种情绪所感染，奋力投入工作。如此一来，任何困难就都能迎刃而解。

当然这种时候还必须有明确的目标，也就是具备合理性和可实现性的目标。如果具备了这些，那么即使不是所有情况都按照预期方向发展，也不会产生太大偏差。

我一直采取的也基本都是这种方式。也就是说，如果管理者能够明确提出呼吁和诉求，动员全体员工集思广益，那么无论是在制造、技术、销售还是经营领域都能够探索出更为先进、优良的方法。

　　从这个意义上来说，管理者绝对不可以持消极悲观的态度，也不要因惧怕失败而畏葸不前。相反，身为管理者，一定要坚信"只要动手做，就一定能成功。即使跌倒也可以爬起来重新上路"。这种积极的心态与坚韧的毅力是每一位管理者都应具备的素质。

热爱工作

到目前为止，我以自身经历为参考提出了一系列建议。这些建议分别适用于处于公司新人到高层管理者之间各个阶段的员工。但最后我还有一点想强调。这一点适用于所有员工，是将以上全部建议付诸实践的动力源泉。

然而，这条建议并没有什么特别之处，甚至可以说极为普通。大家听了之后可能都会觉得"什么呀，原来是这个啊"。这条建议就是，全心全意地热爱自己的工作。

如果你抱着"身为员工就必须服从公司安排"这种心态投入工作的话，是很难将工作做好的。也许旁人看了你的工作状态会感叹："很辛苦吧，太可怜了。"或许你为了工作整日忧心，夜不能寐。妻子也时常担心你的身体状况，朋友见了你都会问："怎么这么辛苦，是发生了什么情况吗？没关系吧？"

尽管在旁人看来你正处于水深火热之中，但自己并不觉得有丝毫痛苦，甚至觉得思考工作上的问题非常有趣。你是否能够如此乐在其中呢？

身在职场，难免会遇到不如意的事。特别是身为需要管理下属的领导者们，一定都会遇到不按要求做事的下属吧。有的下属会与你争论不休，有的则对你产生误解，不服从安排。这种时候，无论是谁都会偶尔感到心烦不已，束手无策。

但尽管如此，你也要学会安慰自己，努力消除误解，将下属培养成自己的得力助手。否则将很难获得事业上的成功。而是否能够这样调整自己的心态，则取决于你是否热爱自己的工作。

如果你热爱自己的工作，那么即使在这种情况下会感到片刻的烦扰，也能够立刻说服自己享受这种克服困难的过程，进而从心底迸发出勇气和动力。但是如果你厌烦自己的工作，就会不断被痛苦吞噬，最终只想逃离，在职场上败下阵来。

不仅公司工作中如此，其他领域也是同样的道理。就拿艺术行业来说，只有真心喜欢绘画才有可能成为出色的画家，而对绘画不感兴趣的人无论怎样练习都很难成为真正的画家。况且，在喜欢绘画的人中，也仅有极少数人能够成为优秀的画家。因此可以说，不喜欢绘画的人想在这一领域出人头地几乎是不可能的。

在我看来，大家在工作的过程中，一定要学会掌握工作或管理的诀窍。如果抓不到诀窍，无论怎样努力工作都只是事倍功半罢了。此外，这种工作或管理的诀窍并不是通过他人传授习得的，而是需要自己亲身去体会和领悟。

他人的教导当然可以作为参考，但最终还是需要我们自己在工作中不断积累经验，慢慢领悟。在这个过程中，我们可能会遭到前辈的训斥、欺压甚至霸凌，但是唯有通过在工作中不断摸爬滚打，才能逐渐摸清其中的诀窍。

但是，若想做到这点，前提是要热爱自己的工作，对工作感到厌烦的人只能感受到痛苦与不满，而无法掌握其中的诀窍。在我看来，无论工作还是人生都是如此。

这样想来，对于员工来说经验之谈虽不胜枚举，但最为基本的还是要热爱自己的工作。因此，我们需要时常反思自己是否热爱这份工作，并且不断努力去热爱自己的工作，在辛苦的工作中找寻属于自己的乐趣。希望大家能够通过自己的努力激励周围的人，让每个人都发挥出自己的潜能，从中体会无尽的喜悦。

此外，虽没有必要彻底舍弃娱乐生活，但我认为，如果能够将三项娱乐活动调整为两项，进而利用节省下来的时间去探索和体悟工作中的乐趣的话，一定能够在事业上收获成功，并在工作中实现人生的意义。

图书在版编目（CIP）数据

如何工作：松下幸之助谈快速成为好员工的心得 /（日）松下幸之助 著；
杨瑀桐 译 .—北京：东方出版社，2024.3
ISBN 978-7-5207-3587-2

Ⅰ . ①如… Ⅱ . ①松… ②杨… Ⅲ . ①工作方法—通俗读物 Ⅳ . ① B026-49

中国国家版本馆 CIP 数据核字（2023）第 147015 号

SHAIN KOKOROECHO
By Konosuke MATSUSHITA
Copyright © 2001 by PHP Institute, Inc.
All rights reserved.
First original Japanese edition published by PHP Institute, Inc., Japan.
Simplified Chinese translation rights arranged with PHP Institute, Inc.
through Hanhe International (HK) Co., Ltd.

本书中文简体字版权由汉和国际（香港）有限公司代理
中文简体字版专有权属东方出版社
著作权合同登记号 图字：01-2023-3398 号

如何工作：松下幸之助谈快速成为好员工的心得
（ RUHE GONGZUO SONGXIAXINGZHIZHU TAN KUAISU CHENGWEI HAO
YUANGONG DE XINDE ）

作　　者：［日］松下幸之助
译　　者：杨瑀桐
责任编辑：刘　峥
出　　版：东方出版社
发　　行：人民东方出版传媒有限公司
地　　址：北京市东城区朝阳门内大街 166 号
邮　　编：100010
印　　刷：番茄云印刷（沧州）有限公司
版　　次：2024 年 3 月第 1 版
印　　次：2024 年 3 月第 1 次印刷
开　　本：787 毫米 ×1092 毫米　1/32
印　　张：4.375
字　　数：38 千字
书　　号：ISBN 978-7-5207-3587-2
定　　价：54.00 元
发行电话：（010）85924663　　85924644　　85924641

版权所有，违者必究
如有印装质量问题，我社负责调换，请拨打电话:（010）85924602　85924603